AF247911

CANTIQUES DE LA PRIÈRE

SELON L'ESPRIT ET LES INTENTIONS

DU SOUVERAIN PONTIFE

A

L'USAGE DES FIDÈLES

ET EN PARTICULIER

DES MEMBRES DE L'ŒUVRE DE L'APOSTOLAT DE LA PRIÈRE.

DÉDIÉS A N. S. P. LE PAPE PIE IX.

Parais, reine auguste des cieux,
De Satan écrase la tête,
Et qu'à ton aspect radieux
S'efface la noire tempête.

PRIX : 60 c. ET 75 c. FRANC DE PORT.

La Musique de ces Cantiques se vend séparément 3 fr. 50 c., à la même Librairie.

PARIS.

SOCIÉTÉ DE SAINT VICTOR POUR LA PROPAGATION DES BONS LIVRES.

DÉPOT CENTRAL : E. JOURDAN, LIBRAIRE.

16, RUE DE TOURNON.

1854.

Y+

CANTIQUES DE LA PRIÈRE

SELON L'ESPRIT ET LES INTENTIONS

DU SOUVERAIN PONTIFE.

PARIS. — IMPRIMERIE D'ADRIEN LE CLERE,
rue Cassette, 29

CANTIQUES DE LA PRIÈRE

SELON L'ESPRIT ET LES INTENTIONS

DU SOUVERAIN PONTIFE

A

L'USAGE DES FIDÈLES

ET EN PARTICULIER

DES MEMBRES DE L'ŒUVRE DE L'APOSTOLAT DE LA PRIÈRE.

DÉDIÉS A N. S. P. LE PAPE PIE IX.

Parais, reine auguste des cieux,
De Satan écrase la tête,
Et qu'à ton aspect radieux
S'efface la noire tempête.

PRIX : **60** C. ET **75** C. FRANC DE PORT.

La Musique de ces Cantiques se vend séparément 3 fr. 50 c., à la même Librairie.

PARIS.

SOCIÉTÉ DE SAINT VICTOR POUR LA PROPAGATION DES BONS LIVRES.

DÉPOT CENTRAL : E. JOURDAN, LIBRAIRE.

16, RUE DE TOURNON.

1854.

INTRODUCTION.

Je me suis proposé un double but en publiant ces Cantiques : j'ai voulu d'abord faire retentir dans les âmes le nouvel appel à la prière que Rome nous fait en ce moment. Mon dessein a été aussi de contribuer de mon mieux à perpétuer, le Jubilé expiré, cette prière *catholique* à laquelle nous sommes conviés, et qui est, pour le chrétien fervent, un véritable apostolat. Ce second but n'est pas moins important que le premier, en même temps qu'il est plus durable.

Notre siècle ne prie pas, on l'a déploré bien souvent, et parmi les reproches qui lui sont adressés, il n'y en a pas de plus grave et de mieux mérité. Toutefois la prière la plus tombée en oubli parmi les chrétiens de nos jours n'est pas celle qui a trait à leurs propres besoins et à ceux de quelques personnes chères ou connues, mais bien celle que nous avons en vue, la prière que l'Eglise nous demande en tout temps, quoiqu'avec plus d'instance à cette heure, pour elle, pour ses ministres, pour tous ses membres, pour tous les hommes; c'est cette prière étrangère à la chair et au sang qui a sa source dans la charité la plus pure, dans un zèle aussi beau que celui du missionnaire qui a tout quitté pour se vouer à la grande famille de Jésus-Christ.

Que ne fait pas l'Eglise pour inspirer cette prière à ses enfants; elle saisit toutes les occasions de la leur recommander; elle en fait la condition de ses indulgences, en ne les accordant d'une manière plénière qu'à ceux qui attirent sur elle-même la miséricorde et les bienfaits du Très-Haut; elle en fait dépendre essentiellement la grâce toute extraordinaire de ses jubilés. Tant d'invitations pressantes demeurent, hélas! presque sans résultat, et de là, de cet abandon funeste de la prière *catholique*, la nécessité de ces appels solennels que la chaire de saint Pierre ne faisait qu'à de longs intervalles et que maintenant elle est forcée de réitérer si souvent, même au risque d'amoindrir l'effet d'un des plus puissants moyens de salut.

Il semble que la miséricorde divine a voulu remédier à un mal aussi grand en suscitant parmi nous plusieurs œuvres qui ont pour objet la prière, tant pour nos nécessités privées que pour les besoins généraux de l'Eglise et le salut de tous les hommes. On peut voir notamment cette double fin indiquée d'une manière formelle *dans le deuxième article préliminaire des statuts de l'Archiconfrérie du très-saint et immaculé cœur de Marie*, la plus grande et la plus célèbre de ces œuvres. Mais dans le sein même de ces saintes associations, la prière la moins en vigueur n'est-ce pas encore la prière *catholique*? Une exception complète et entière est à faire, nous le savons, pour le sanctuaire de *Notre-Dame des Victoires*. De toutes les parties de l'univers viennent y affluer des demandes de prière et des actions de grâce qui y entretiennent et réchauffent sans cesse l'esprit *catholique*. On sait en particulier ce qui y a été entrepris dès l'origine en faveur de cette Angleterre qui semble se débattre en vain contre la grâce qui la presse, et qui, à cette heure, concourt en Orient à une guerre qui est par-dessus tout dans l'intérêt catholique.

Mais si, du centre révéré de Notre-Dame des Victoires, le regard se porte sur les diverses confréries qui s'y rattachent, n'est-on pas forcé de reconnaître que la prière *catholique* est loin d'y être mise en pratique autant qu'il le faudrait. L'exposition développée des besoins, la proposition des intentions, toutes les exhortations qui s'y rattachent et qui sont les moyens propres de l'archiconfrérie pour persuader la prière aux fidèles, y sont-ils employés pour les intérêts généraux de l'Eglise comme ils le sont pour les besoins privés? Nous ne pouvons l'affirmer avec une entière assurance, il faudrait avoir vu de près toutes ces confréries; mais ceux qui les ont sous les yeux pourront dire si nous nous trompons en inclinant beaucoup à penser que dans presque toutes la prière *catholique* est presque entièrement négligée.

A côté de l'Archiconfrérie et des autres œuvres ayant comme elle la prière pour objet, il vient de se former en quelques années trois œuvres qui se proposent d'une manière toute principale la prière *catholique*, qui, pratiquement du moins, n'est qu'un accessoire au sein de l'Archiconfrérie et de ses sœurs. Ces trois œuvres sont l'*Orbe sanctificato* (l'Univers sanctifié) en Piémont, l'*apostolat catholique* à Rome, qui a été fondé par D. Vincenzo Palloti, mort depuis en odeur de sainteté, et qui a même donné naissance à un ordre religieux; en France, nous avons l'*apostolat de la prière*, et il est difficile de ne pas voir dans cette apparition simultanée de trois œuvres identiques, quant à leur but, très-semblables par leurs moyens, et qui pourtant se sont formées sans concert aucun, la manifestation d'un dessein de la Providence divine qui a voulu venir en aide à l'Eglise.

Parler de l'une de ces œuvres, c'est parler des autres. L'*apostolat de la prière*, ce nom est plein de sens et renferme tout un enseignement, a pris naissance il y a peu de temps dans les montagnes de l'ancien Velay, et il ne s'est guère étendu au delà du cercle des pauvres habitants qui l'ont vu naître, malgré l'approbation et les encouragements du souverain Pontife. L'esprit, le but, l'organisation, les moyens de cette œuvre sont développés dans un livre (1) portant le même titre qu'elle et qui fait ressortir cette vérité importante : Que le simple fidèle, au sein de la vie la plus commune, peut autant et plus par ses prières et l'offrande de ses actions, que les ministres des autels par leurs travaux évangéliques; que tout chrétien est capable d'un apostolat aussi beau et non moins fécond en grands résultats pour lui-même que pour l'Eglise, ainsi qu'il a paru à tous les siècles dans la personne de l'humble vierge de Nazareth, qui n'a pas pris, que l'on sache, une part active aux travaux apostoliques de son divin Fils et à la propagation de l'Evangile dans tout l'univers après sa mort, et que l'Eglise appelle pourtant la *Reine des Apôtres.*

Voilà la pensée fondamentale de l'œuvre que nous désirons propager. Quant aux moyens qu'elle emploie, ils ne sont autres que ceux en usage au sein même de l'Archiconfrérie : réunions, intentions proposées, exposition des besoins, exhortations; des *circulaires* ou *annales* y font connaître les événements capables d'intéresser des cœurs catholiques. Organisée en sections ayant à leur tête des zélateurs, elle peut être constituée ou bien isolément et en dehors de toute autre association, ou bien dans leur sein même, et loin de leur nuire, elle ne fera que les fortifier, ainsi que l'expérience l'a démontré; et faut-il s'en étonner, puisque son but s'unit nécessairement au but spécial de toute œuvre chrétienne. Au reste, son esprit étant le zèle, et le zèle n'étant que la ferveur de la charité, elle ne saurait se recruter que parmi les âmes pieuses. C'est au sein des communautés religieuses, dans les grands séminaires, dans les colléges et les maisons d'éducation où fleurit la religion, c'est parmi les chrétiens fervents vivant dans le monde qu'elle est

(1) L'*Apostolat de la prière*, 3ᵉ édition, petit in-18; Perisse frères, à Lyon et à Paris.

L'*Apostolat de la prière*, proposé spécia'ement aux communautés religieuses et aux associations de piété; petit in-12. Clermond-Ferrant, à la librairie catholique, *rue du Terrail*, et chez Perisse.

à établir et qu'elle l'a été déjà avec succès. Puisse le souffle divin pénétrer cette œuvre et lui donner, pour le bien de l'Eglise, un grand accroissement.

La grâce d'un nouveau Jubilé nous est faite ; c'est surtout en ce temps que le bel apostolat dont nous parlons doit être propagé, en même temps qu'exercé avec zèle et ardeur. Il nous a été donné de voir jusqu'à trois jubilés dans un court espace de temps ; c'est un fait inouï peut-être et, dans tous les cas, bien propre, en nous découvrant l'étendue des maux et des dangers de l'époque, à nous engager à étendre autant qu'il est en nous une œuvre aussi éminemment utile à l'Eglise. La prière de tout le peuple chrétien conjurera sans doute, nous devons l'espérer, la crise actuelle ; mais de nouveaux périls ne surgiront-ils pas bientôt peut-être, et faudra-t-il alors d'autres jubilés, faudra-t-il encore que le Saint-Siége recoure à ses appels les plus solennels ? On comprend tous les services que peut rendre l'*OEuvre de l'apostolat de la prière* ; mais les fidèles n'entreront dans cette sainte ligue, qui ouvre ses rangs pour les recevoir, qu'autant que leurs pasteurs les y inciteront. Ah ! les ministres de Jésus-Christ ne voudront-ils pas procurer à son Eglise l'appui d'une prière instante et continuelle ; sans cesse eux-mêmes, au plus fort de la lutte, ne seront-ils pas désireux de se voir soutenus par les âmes les plus ferventes qui les entourent ? Ah ! sans doute ils auront présentes les exhortations de saint Liguori à propos de leur devoir d'inspirer aux âmes qui leur sont confiées l'esprit de prière (1). En toute circonstance, ils em-

---

(1) *De l'importance de la prière*, par saint Liguori ; *petit in*-18. Perisse frères, *à Lyon et à Paris.*

On nous permettra, en citant ce livre très connu sans doute, mais qui pourtant ne l'est pas assez, de chercher à le répandre de plus en plus, et pour cela nous ne saurions mieux faire que de rapporter le passage suivant de son *introduction*.

« De tous les ouvrages que j'ai publiés, c'est saint Liguori qui parle, ce *Traité de la prière* est certainement un des plus utiles aux fidèles... Je voudrais qu'il me fût possible de faire imprimer autant d'exemplaires de ce livre qu'il y a de chrétiens sur la terre, et de leur en distribuer à tous... Ne vous contentez pas de lire vous-même, engagez autant que vous le pourrez les autres à s'en servir. »

ploieront leur parole, à qui toute puissance est donnée, à faire pénétrer dans le cœur de leurs ouailles la pensée de *l'apostolat de la prière*; ils voudront joindre à leurs exhortations des exercices religieux empreints du même esprit; bien plus, se faisant les propagateurs d'une œuvre bénie par le saint Père, ils y enrôleront tous ceux en qui la charité vit encore. Dans des temps de tiédeur et d'indifférence comme ceux où nous vivons, les grâces et les forces de l'association sont en effet indispensables; il faut tous les moyens, toutes les industries qui y sont attachées pour rallumer, hélas! une flamme presque éteinte.

C'est pour venir en aide aux efforts des ministres de Dieu que nous publions nos Cantiques. Les plus médiocres ont encore un merveilleux effet pour attirer les fidèles aux saints exercices qui leur sont offerts et pour les leur faire aimer. Daigne *Marie immaculée* bénir notre œuvre et la purifier de toute l'impureté de nos lèvres; puisse son exemple, que nous proposons à tous, puissent les invocations réitérées que nous lui adressons toucher les cœurs. *L'apostolat de la prière* c'est *l'apostolat de Marie*, et en le faisant ressortir, nous espérons qu'avec la bénédiction de cette divine Mère, le désir de notre âme sera satisfait.

ORATORIO.

Dédié au Révérend Père Gautrelet, de la Compagnie de Jésus.

> Se représenter d'une part notre Seigneur Jésus-
> Christ, et de l'autre Lucifer exhortant tous les
> hommes à se ranger sous leur étendard.
> (EXERCICES DE S. IGNACE.)

INVITATOIRE.

AIR : *M.*

Quels plaintifs accents?... c'est la voix
De la sainte Eglise en détresse....
Qu'autour de la divine croix
Tout le peuple chrétien s'empresse ;
Et que tous, dans ce grand combat
Qui s'étend sur la terre entière,
Comprennent leur apostolat,
L'apostolat de la prière !

LE CHŒUR.

Oui, que tous.

AIR : *A*
ou : *M.*

Tandis qu'épuisés de travaux,
Contre l'infernale cohorte
Nos prêtres luttent sans repos,
Qu'un beau zèle aussi nous transporte :
Oui, prions ; et, comme Israël
Triomphait alors que Moïse
Elevait ses bras vers le ciel,
Ainsi triomphera l'Eglise.

LE CHŒUR.

Oui, que tous.

Aır : *C.* Ah ! venez, simples, ignorants,
      Vous tous que le monde méprise;
      Vous, cœurs éprouvés, cœurs souffrants !
      Venez, vous, l'appui de l'Église;
      Et vous, que n'ont point pervertis
      L'éclat des grandeurs, la richesse,
      Qui, semblables à ces petits,
      Aimez leur sublime bassesse...

LE CHŒUR.

Oui, que tous.

Aır : *F* Tremble, Satan; ce saint vieillard,
ou : *G.* Armé des grains de son rosaire,
      Est fort contre ton étendard,
      Et peut briser ta ligue altière...
      Pour dompter ton orgueil, Satan,
      Et te faire écumer de rage,
      Il suffit de ce faible enfant
      Bégayant son naïf hommage.

LE CHŒUR.

Oui, que tous.

ORATORIO.

..... L'Eglise militante priant en union avec l'Eglise des cieux. . . ..

. . . .

En temps de jubilé, cet *invitatoire* nous semblerait bien à sa place au commencement de l'exercice, qui, chaque jour, réunit les fidèles pour une prière publique et solennelle en faveur de l'Eglise.

Les quatre premiers vers ne peuvent convenir que dans des circonstances critiques; hors ce temps, on fera bien de leur préférer les vers suivants :

      Pour la gloire du Roi des rois
      Que dans tous l'ardeur se réveille...
      Ah! sous l'étendard de la croix,
      Que nul lâchement ne sommeille.

MARIE.

Une vie toute sainte, qui fut une vie de prière, est dans Marie notre avocate, le principe de sa puissance sur l'enfer, la source des grâces dont elle fut comblée, de toutes celles qu'elle répand sur l'Eglise, de toutes les victoires qu'elle lui fait remporter d'âge en âge. Telle est l'idée qui ressort des trois cantiques suivants ; et en même temps que la Vierge divine y est invoquée selon le vœu et les intentions du souverain Pontife, le secret de sa force et de ses grandeurs y est manifesté, et l'exemple de cette Reine des Apôtres enseigne à tous les fidèles l'apostolat qui leur est propre.

L'APOSTOLAT DE LA PRIÈRE.

Dédié au révérend Père Gautrelet, de la Compagnie de Jésus,

Réalité de cet apostolat; sa grandeur dans Marie.
Reine des Apôtres. priez pour nous. (LITANIES.)

LE CHŒUR.

AIR : *J.* Immolons-nous pour les pécheurs,
    Pour l'Église, pour notre mère ;
    Offrons pour elle nos labeurs,
    Nos souffrances, notre prière !

AIR : *H.* Quand Thérèse, au ciel attendri,
    Offrait son ardente prière,
    Plus d'un cœur coupable et flétri
    Recouvrait sa beauté première :
    Tu ne conquis pas au Seigneur
    Plus d'âmes, Xavier, par ton zèle,
    Que n'en conquit par son ardeur
    De Jésus l'amante fidèle !

LE CHŒUR.

Immolons-nous pour les pécheurs.

AIR : *C.* Oui, mille fois un grand bienfait,
Une grâce insigne est venue
D'une âme juste qui priait,
Et pleurait du monde inconnue :
Et chacun, sans franchir les flots,
Sans quitter son humble retraite,
Peut de plusieurs mondes nouveaux
Faire au Dieu sauveur la conquête !

AIR : *F*
ou : *G.* Non, le règne de Jésus-Christ
N'est pas l'ouvrage du génie,
Ni d'un audacieux esprit :
C'est l'effort d'une sainte vie ;
C'est l'œuvre de l'esprit divin,
Du gémissement ineffable
Qu'il forme, en son amour, au sein
Des justes que le monde accable.

LE CHŒUR.

Immolons-nous pour les pécheurs.

AIR : *A*
ou : *M.* Ah ! dis-nous, Reine des Martyrs,
Des Apôtres Reine puissante,
Dis la vertu de nos soupirs,
Mère de l'Église naissante !
Toi, par qui Satan, révolté,
Est terrassé dans tous les âges,
Comment donc as-tu mérité
Tant de victoires, tant d'hommages !

AIR : *B.* Tu priais avec le Sauveur,
Sous ton pauvre toit toujours pure,
Offrant tes prières, ton labeur....
Par dessus toute créature,
Sur le trône de l'Éternel
Maintenant je te vois assise,
Et toujours ton cœur maternel
Soupire en faveur de l'Église !...

LE CHŒUR.

AIR : *D.* Vierge sans tache, ô notre espoir,

Que d'amour ton âme embrasée
Sur l'Église fasse pleuvoir
Des cieux la plus douce rosée !

AIR : *F*   Vierge aux pieds de qui tous les Saints,
ou : *G*.   Les Patriarches, les Prophètes,
              Les Archanges, les Séraphins,
              Humblement inclinent leurs têtes,
              Et qui de nous, pauvres pécheurs,
              Te plais à te dire la mère,
              Redouble tes vives ardeurs
              De ton incessante prière !

LE CHŒUR.

Vierge sans tache.

AIR : *A*.   De notre saint apostolat,
              Puissante et divine patronne,
              Sur l'Église répand l'éclat
              Dont ta face auguste rayonne !
              Que sous ses lois le monde en paix,
              Vierge ! que tout ce qui respire.
              Exalte et chante tes bienfaits,
              En bénissant son doux empire !...

LE CHŒUR.

Vierge sans tache.

On peut ne faire qu'un seul cantique de celui qui précède et de celui à Marie immaculée ; il suffit pour cela de supprimer la dernière strophe ci-dessus et de substituer les vers suivants aux quatre qui terminent l'avant-dernière strophe :

              L'Église, en un pressant danger,
              Veut un effort de ta tendresse :
              Montre combien tu sais l'aimer !
              Ah ! prends pitié de sa détresse !

On ne doit pas répéter le chœur : *Vierge sans tache* après ces vers, mais passer de suite à la première strophe du cantique à Marie immaculée : *J'entends du suprême pasteur*, etc.

C'est la prière de Marie sur la terre qui a rendu si puissante celle qu'elle continue dans les cieux, et c'est ce qui ressort des deux cantiques réunis. L'idée de *l'apostolat de la prière* se trouve donc agrandie, et le triomphe de la Vierge immaculée, célébré par anticipation, nous semble aussi ajouter à l'effet. Nous ne nous dissimulons pas, du reste, que cette variante ne convient guère qu'à *l'œuvre de l'apostolat de la prière*, de qui la pensée du cantique, ainsi augmentée, sera toujours mieux comprise qu'elle ne peut l'être de la généralité des fidèles.

CRI PUISSANT DE L'ÉGLISE EN DÉTRESSE

VERS L'AUGUSTE MARIE.

Dédié à l'Association de L'APOSTOLAT (1) catholique à Rome,

AIR : *F*	Eh ! quoi, toujours l'affliction...
ou : *G*.	Encor des tempêtes nouvelles...
	Les guerres, la rébellion,
	La faim et les pestes cruelles...
	Ah ! de cette terre d'exil,
	Trop malheureuse destinée ;
	Lieu de combat, lieu de péril,
	Où la paix n'est jamais donnée...

(1) Pour celui qui aura sous les yeux l'Encyclique du Jubilé, et qui au lieu, comme on le fait ordinairement, de concentrer son regard sur ce qui l'environne, embrassera l'univers catholique, le tableau que nous traçons n'aura rien d'exagéré. L'usurpation sacrilége des beaux noms de liberté, de fraternité et de tout ce que la langue a de plus saint ; une corruption qui devance la raison ; l'obstination d'un Lamennais et de bien d'autres impies ; la suppression des ordres religieux et des couvents qui, en Espagne, en Piémont et ailleurs, laisse bien les âmes les plus saintes sans refuge, comme nous le disons ; un matérialisme toujours plus envahissant ; le blasphème, la profanation du dimanche, ce sont là autant de traits que je n'ai fait que copier fidèlement et qui sont caractéristiques de notre époque.

ROME.

LE CHŒUR.

Air : *K.*   Malgré l'horreur de vos combats,
Des démons malgré la furie,
Enfants de Dieu ne craignez pas :
Toujours vous vaincrez par Marie !

Air : *H.*   Jamais maux furent-ils si grands !
L'Église, encore hier captive
Et sous les pieds de ses enfants,
Gémissait d'une voix plaintive ;
Et, sous des coups plus furieux,
Demain notre mère accablée,
De plus de larmes à nos yeux
Peut montrer sa face voilée !

Air : *A*
ou : *M.*   Pour mieux assurer leurs complots,
Unissant l'astuce à la rage,
Les méchants des noms les plus beaux
Ont paré leur hideux langage :
Et, bientôt le glaive à la main,
S'abreuvant de sang et d'orgie,
Ils se flattent de voir enfin,
Grand Dieu, ton Église abolie !

LE CHŒUR.

Malgré l'horreur de vos combats.

Air : *A*
ou : *M.*   L'impie en son crime obstiné,
Se rit des sacrés anathèmes ;
Le jour du Seigneur profané
Retentit d'horribles blasphèmes.
Le crime règne universel...
La vertu n'a plus de réfuge...
L'homme provoque l'Éternel
Comme aux jours anciens du déluge....

Air : *A*
ou : *M.*   Ainsi que le vil animal
Le front courbé vers la poussière,
L'homme est devenu tout brutal
Et l'esclave de la matière ;

Il brave toute autorité,
Seul il s'adore avec ses vices,
Semblable à Satan révolté,
Digne aussi des mêmes supplices...

Air : *C.*

Satan lève un front souverain ;
Il va proclamer son empire.
Fixant le ciel avec dédain
Il lui jette un affreux sourire ;
Et, jusques au fond des enfers,
Descend la plus horrible joie ;
Et les abîmes sont ouverts
Avides d'engloutir leur proie...

LE CHŒUR.

Malgré l'horreur de vos combats.

Air : *A*
ou : *M.*

Non, Satan, tu ne vaincras pas :
Le ciel se rit de ta folie ;
Bientôt tu vas sentir le bras
De l'humble et terrible Marie...
Vierge, tu vois notre danger ;
Hâte-toi donc, il est extrême ;
Hâte-toi, vierge, de venger
L'honneur du divin diadème.

LE CHŒUR.

Malgré l'horreur de vos combats.

Air : *F.*

Le Très-Haut toujours méprisa
De faire à Lucifer la guerre :
Michel dans les cieux l'écrasa ;
Vierge, écrase-le sur la terre !
Ah ! frappe, frappe Lucifer ;
Et que toute bouche s'écrie :
L'humble Vierge a vaincu l'enfer,
Gloire au Très-Haut, gloire à Marie !

LE CHŒUR.

Frappe, frappe donc Lucifer.

— 9 —

Aır : *G.* Belle et valeureuse Judith ,
Du Tout-Puissant force invincible ,
Décharge sur le front maudit
Tout l'effort de ton bras terrible ;
Sauve ton peuple, et des pervers
Renverse , dissipe l'armée ,
Comme devant lui dans les airs
L'aquilon chasse la fumée...

LE CHŒUR.

Frappe, frappe donc Lucifer.

Aır : *B.* Avec l'auteur de tous nos maux ,
Vierge bienfaisante , extermine
Les guerres et tous les fléaux ;
Les contagions, la famine ,
Et mettant un terme à la fin
A tant de luttes et d'alarmes ,
Que de Sion ta douce main
Pour bien longtemps sèche les larmes !...

———————

Les fléaux qui nous affligent venant à cesser, on omettrait la première strophe de ce Cantique et on remplacerait la dernière par la suivante :

Aır : *C.* Mais exauce un vœu de nos cœurs :
En exterminant tous les crimes,
O Vierge, épargne les pécheurs;
Arrache à Satan ses victimes !
Ah ! tels, tels sont bien les souhaits
De ton âme, ô divine mère;
Pour nous tu n'as que des bienfaits,
Et l'enfer seul craint ta colère !

Si l'on voulait abréger, on commencerait par cette *variante :*

Aır : *A.* Tout est perverti... le poison
D'une abominable science
Corrompt les cœurs et la raison ;
L'enfant même est sans innocence...

Dans le naufrage universel
La vertu n'a plus de réfuge...
L'homme provoque l'Éternel
Comme aux jours anciens du déluge...

On ferait suivre cette strophe des cinq dernières, à partir de ce vers :

Satan, lève un front souverain.

INVOCATION ET ATTENTE DE MARIE IMMACULÉE.

Dédié à Monseigneur l'Evêque de Marseille,

Fondateur et supérieur des Oblats de Marie Immaculée.

> « Surtout que nos vœux s'adressent avec persévé-
> rance à Marie, Mère de Dieu et Vierge immaculée. »
> (ENCYLIQUE DU JUBILÉ.)

AIR : *A.*   J'entends du suprême pasteur
Retentir la voix solennelle...
A l'univers paix et bonheur...
Prosterne–toi, peuple fidèle...
Et que tous, même les enfants,
Pressés autour du sanctuaire,
Vers toi fassent monter leurs chants,
Vierge sans tache, ô notre mère.

LE CHŒUR.

(Ce chœur est chanté deux fois de suite après la première strophe.)

AIR : *D.*   Vierge sans tache, ô notre espoir,
Que d'amour ton âme embrasée
Sur l'Eglise fasse pleuvoir
Des cieux la plus douée rosée.

Air : *B.*   Reine des cieux , à tes genoux
Regarde et vois l'Eglise entière...
Pour elle adresse à ton époux
Ta toute-puissante prière.
Prosternée aux pieds du grand roi ,
Fais parler ton âme attendrie.
Il veut, en nous sauvant par toi ,
T'exalter encore, ô Marie !

LE CHŒUR.

Vierge sans tache.

Air : *C.*   Puissante Vierge , entends nos cris !
Descends des hauteurs de ta gloire ,
Viens porter à nos ennemis
Un coup d'immortelle mémoire.
Parais , reine auguste des cieux ,
De Satan écrase la tête ;
Et qu'à ton aspect radieux
S'efface la noire tempête.

LE CHŒUR.

Air : *E.*   Toute la terre avec les cieux
T'exalte, ô reine immaculée !
Ah ! que par ton nom glorieux
L'Église enfin soit consolée...

Air : *A.*   L'Église dira que jamais
Notre souillure originelle,
Reine, ne ternit tes attraits ;
Et tu la rendras toute belle ;
Et dans ton éclat triomphal,
Des cieux lui donnant les prémices ,
Sur elle ton cœur virginal
Versera toutes ses délices.

LE CHŒUR.

Toute la terre.

Air : *B.*   Qu'il brille enfin ce jour heureux
Qu'ont vu les saints dans leur extase ,

En l'appelant de tous leurs vœux ;
Et qu'à ses feux tout cœur s'embrase (1) !
Puisse alors le Septentrion
Cesser enfin d'être rebelle ;
Puisse notre sainte union
S'étendre au Croissant infidèle.

*(Ces deux strophes doivent être chantées de suite et sans
l'interruption du chœur.)*

DEUX VOIX ENSEMBLE.

Air : *A.* Puisse, en faisant partout périr
L'idolâtrie et l'hérésie ;
La sainte Église conquérir,
O Vierge, l'Afrique et l'Asie ;
Que des îles au sein des mers
Elle couronne son empire ;
Et qu'en chantant tes doux concerts
La terre exhale son délire !...

LE CHŒUR.

Toute la terre.

Air : *C.* O Marie, en cet heureux jour
Ne pouvant maîtriser la flamme
De son trop violent amour,
Vers toi s'envolera mon âme....
Elle ira te bénir sans fin,
A tes pieds, ô ma souveraine,
Aux pieds de ton trône divin,
Marie ! ô ma mère ! ô ma reine !...

LE CHŒUR.

Toute la terre.

(1) On pourrait notamment citer les paroles prophétiques de saint Léonard de
Port-Maurice, qui sont célèbres.

JÉSUS.

J'achève, dans cette seconde partie, de dire la force de cette divine prière qui fait du chrétien un véritable apôtre et le rend si formidable au démon ; et après s'être élevée vers Dieu par l'intermédiaire de Marie, notre avocate, cette prière a lieu ici avec Jésus et par Jésus, en union avec son divin cœur, et toujours selon le même esprit et les mêmes intentions catholiques, pour l'Eglise, pour les pécheurs, pour tous les hommes.

Le pouvoir des cœurs vierges sur le saint des saints ressort en particulier du dernier morceau, où l'on entend la prière des vierges.

AUX SACRÉS CŒURS.

Dédié à M. Desgenettes,

Curé de Notre-Dame-des-Victoires.

> Levez-vous, hâtez-vous, ma bien-aimée, ma colombe mon unique beauté et venez... vous, qui vous retirez dans les creux de la pierre, dans les enfoncements de la muraille. (CANTIQUE DES CANTIQUES, 2.)

> Le cœur de Jésus a été percé, afin que nous puissions faire en lui notre demeure. (S. BERNARD.)

DEUX VOIX ENSEMBLE.

AIR : *F*
ou : *G.*

O cœurs brûlants de notre amour !
Cœur de Jésus, cœur de Marie,
Le démon triomphe en ce jour...
Dérobez nous à sa furie...
Vous qu'on n'implore pas en vain,
Ouvrez-nous, dans votre détresse,
Ouvrez-nous l'asile divin
De votre éternelle tendresse.

UN PLUS GRAND NOMBRE DE VOIX.

AIR : *B.*

O cœurs si tendres, cœurs si doux,
Cœurs, les délices de nos âmes !

Ah ! daignez nous unir à vous
Et nous pénétrer de vos flammes...
Que de vos ardeurs consumées,
Pour laver tant d'horreurs, de crimes,
Cœurs qui nous avez tant aimés,
Qu'avec vous nous soyons victimes !

UNE VOIX.

AIR : *F*
ou : *G.*

Oui, justes, avec des sanglots
Offrez votre sang, votre vie ;
Que pour écarter tant de maux
Votre âme à Dieu se sacrifie !
Pour l'Église près de périr,
Priez et gémissez sans cesse,
Vous tous qui savez la chérir,
Vous ses enfants pleins de tendresse !

TOUT LE PEUPLE.

Pour l'Église près de périr.

LE CHŒUR RÉPÉTE.

O cœurs si tendres, cœurs si doux.

TOUT LE PEUPLE REDIT.

Pour l'Église près de périr.

UNE VOIX.

AIR : *B.*

Et vous pécheurs, cruels pécheurs !
Quand sa tendre voix vous appelle,
Vous qui seuls causez ses douleurs,
N'aurez-vous pas des pleurs pour elle ?
Votre mère vous tend les bras...
Mettez un terme à sa souffrance ;
Désarmez le Seigneur, ingrats...
Ah ! pécheurs, faites pénitence !!

TOUT LE PEUPLE.

Votre mère vous tend les bras.

On pourra faire précéder ce chant de la seconde strophe du troisième cantique de ce recueil : *Jamais maux furent-ils si grands !* et de celle qui est donnée à la suite de ce même cantique comme variante : *Tout est perverti... le poison ;* mais il convient de se borner à l'emprunt de ces deux seules strophes.

LA FORCE DE LA PRIÈRE.

Dédié à Manzoni.

LE CHŒUR.

Air : *L.* (1) En ces jours d'amères douleurs,
Recourons à Dieu notre Père,
Ensemble confondons nos cœurs :
Rien n'est plus fort que la prière !..

Air : *F*
ou : *G.* Oui, sainte prière, c'est toi
Qui rends, dans sa lutte incessante
Pour la gloire du divin roi,
L'Église toujours triomphante !
Des pécheurs tu brises les fers,
Par toi l'hérésie est domptée ;
Et jusqu'au bout de l'univers
Du Sauveur la croix est plantée !

LE CHŒUR.

En ces jours d'amères douleurs,

. . . .

Rien n'est plus fort que la prière !..

Air : *A.* Elle repousse les assauts
Des plus formidables armées ;

(1) On peut, si l'on veut, substituer ce vers :

Pour l'Église, pour les pécheurs.

Elle réprime les complots;
Sauve les villes alarmées.
Des enfers elle rompt l'effort;
Elle met les tyrans en poudre;
Commande aux fléaux, à la mort,
Dans les cieux enchaîne la foudre !

Air : *F*
ou : *G*.

Par la bouche d'un tendre enfant
Bégayant son naïf hommage,
La prière dompte Satan;
Son orgueil en frémit de rage...
Quand nous sommes près de périr,
Quand Dieu, dans ce moment suprême,
Refuse encor de s'attendrir...
Elle est plus forte que Dieu même!...

Air : *A*
ou : *M*.

Aux accents d'un faible mortel,
Aux soupirs de l'humble prière,
Devant son trône l'Éternel
Voit s'empresser sa cour entière....
Appuyé sur les Chérubins,
Il s'incline avec complaisance;
Et répand les trésors divins
Dont s'enrichit notre indigence.

Air : *C*.

Mais, quand la voix de nos douleurs
Dans les cieux monte avec tristesse,
Les anges répandent des pleurs,
Jésus s'émeut dans sa tendresse :
Malgré son trop juste courroux,
En voyant Jésus notre frère
Prier et gémir avec nous,
Dieu s'attendrit... il se sent père !..

LE CHŒUR.

En ces jours d'amères douleurs.

LE TRIOMPHE DE LA PRIÈRE,

ou

LA PRIÈRE DES VIERGES.

(FRAGMENT.) (1)

Dédié à l'Œuvre de l'Orbe sanctificato

(l'Univers sanctifié en Piémont.)

> « On verra se soulever peuple contre peuple et royaume contre royaume ; et il y aura des pestes, des famines, des tremblements de terre ; et c'est là le commencement des douleurs.
>
> Ayez les yeux ouverts, veillez et priez. »
> (MATTH., ch. 24 ; MARC., ch. 13)

Pour détruire et pour dévorer
Mille fléaux viennent de fondre...
Les peuples vont se déchirer...
Tout va de nouveau se confondre...
Grand Dieu ! seraient–ils donc venus
Ces jours dont toute chair frissonne,
Où, dans l'angoisse, tes élus
Seront tremblants pour leur couronne ?

Ce jour, jour terrible et prédit,
Où le Sauveur, juge implacable,
Viendra sur un monde maudit
Étendre une main redoutable...
Ce jour serait–il donc prochain ?...
O Jésus ! selon ta promesse,
Viens nous sauver, viens mettre fin
A notre cruelle détresse (2) !

(1) Ce morceau est extrait d'une Ode musicale que nous avons publiée en 1852, à Marseille.

(2) Si le Seigneur n'avait abrégé ces jours, nul homme n'aurait été sauvé ; mais il les a abrégés à cause des élus qu'il a choisis. (*Saint Marc*, ch. 13, v. 29.) C'est là ce qui motive la prière du coryphée.

Viens sur la foudre et les éclairs...
Et, dans ta dernière victoire,
Consumant tout cet Univers,
Rentre avec tes Saints dans la gloire...
Tel dans un incendie affreux.
Lorsque la flamme est soulevée,
L'aigle monte majestueux
Avec sa tremblante couvée!!...

Mais non... j'en ai le ferme espoir :
Grâce à la puissante prière,
Nous verrons le Ciel s'émouvoir
Et briller un jour plus prospère.
Ah! par nos larmes, au Seigneur
Sachons faire encor violence ;
Que le cri de notre douleur
De nos cœurs vers le Ciel s'élance !

PLUSIEURS VIERGES.

Seigneur, nous périssons! entends du haut des cieux
    Notre voix suppliante.
Vois les larmes, Seigneur, qui coulent de nos yeux,
    Entends notre voix suppliante !

UNE VIERGE (A).

    Seigneur, sans nous secourir
Nous laisseras-tu donc descendre dans l'abîme.

UNE AUTRE VIERGE (B).

Verrons-nous triompher le crime,
    Nous laisseras-tu périr?

LES DEUX VOIX ENSEMBLE (A et B).

Laisseras-tu succomber ton Église?
As-tu donc oublié l'immuable serment
Avec lequel, Seigneur, tu l'as assise
    Sur son éternel fondement?

CHŒUR D'HOMMES.

Laisseras-tu succomber ton Église?....

UNE VIERGE (A).

Grand Dieu, dont la puissance éclate d'âge en âge,
Toi qui sus adoucir ces lions pleins de rage,
Ces barbares du Nord que l'on vit autrefois
Couvrir le monde entier de leur sanglant ravage;
Grand Dieu, qui les rendis dociles à tes lois,
    Toi, qui pour sauver nos pères,
    A nos pieds terrassas naguères
Le cruel Musulman et l'impur Albigeois;
    Sauve-nous encore une fois!...

PLUSIEURS VIERGES.

    Dieu qui sauvas nos pères,
    Sauve-nous encore une fois!...

CHŒUR D'HOMMES.

    Dieu terrible, Dieu grand,
    Quand la voix des justes t'implore, (*bis.*)
    eux-tu tarder longtemps encore
    A déployer ton bras puissant,
    Dieu terrible! Dieu grand!...

UNE VIERGE (C).

O Jésus, ô l'espoir et l'amour de nos cœurs!
    O toi qui connus nos douleurs,
Et qui jusqu'à la lie en as bu le calice,
    Ah! mêle encor tes pleurs avec nos pleurs,
    Auprès de Dieu, Jésus, sois nous propice!

UNE AUTRE VIERGE (A).

    O notre Dieu, notre victime!
    Toi qui pour nous, pécheurs!
    Et pour nous sauver de l'abîme,
    Du haut de ton trône sublime
Vins partager nos maux et nos langueurs....

LES DEUX VOIX ENSEMBLE (A et C).

    O toi qui connus nos douleurs,
Et qui jusqu'à la lie en as bu le calice,

> Ah ! mêle encor tes pleurs avec nos pleurs,
> Auprès de Dieu, Jésus, sois nous propice !

Une harmonie céleste et lointaine commence à se faire entendre.

UNE VIERGE (C).

> O toi qui dans l'excès de ton amour pour nous,
> Mourus sur une croix dans un affreux supplice,
> Daigne encor de ton Père apaiser le courroux,
> Auprès de lui, Jésus, sois nous propice !

PLUSIEURS VIERGES.

> Jésus !!... sois nous propice !!

UNE VIERGE (C).

> En invoquant ce nom si doux ;
> Le nom de mon céleste Époux,
> Je ne crains plus la divine justice,
> Et de mon cœur le trouble s'est enfui.

UNE AUTRE VIERGE (B).

> Jésus, en ton appui
> Heureux qui se confie !

*L'harmonie céleste qui n'a pas cessé et qui est devenue de plus en plus
sensible, continue seule un instant.*

UNE VIERGE (C).

> J'entends des Cieux la sublime harmonie ;
> Je vois Jésus parmi les Saints....
> Debout devant son Père, avec nous il le prie ;
> Et des Saints la foule attendrie,
> S'unit à ses accents divins....
> . . . .

Harmonie céleste.

> . . . .
> J'entends des Cieux la sublime harmonie,
> Avec les Saints, avec nous Jésus prie....
> . . . .

Oui, je le vois,
Il montre ses blessures,
A son Père il montre sa croix,
Il lui retrace ses tortures....
En entendant nos voix,
Il gémit, il s'empresse,
La douleur l'oppresse....
Il voudrait dans sa tendresse
Mourir pour nous une seconde fois !...

CHŒUR D'HOMMES.

Dieu terrible ! Dieu grand !
Peux-tu tarder longtemps encore
A déployer ton bras puissant,
Lorsqu'avec nous Jésus t'implore (*bis*)
En gémissant !

L'harmonie céleste recommence de nouveau.

UNE VIERGE (C) ET LE CORYPHÉE ENSEMBLE.

J'entends des Cieux la sublime harmonie;
Je vois Jésus parmi les Saints...
Debout devant son Père avec nous il le prie;
Et des Saints la foule attendrie,
S'unit à ses accents divins....

LE CORYPHÉE SEUL.

Le Seigneur n'est plus inflexible;
Il s'émeut de nos pleurs, des larmes de son Fils.
Justes, tous vos maux sont finis;
Méchants, craignez son bras terrible !....
Sainte Église, tu resteras
Comme toujours victorieuse;
A tes pieds bientôt tu verras
Tomber une troupe orgueilleuse;
Souvent sous les coups des enfers
Ta blessure semble mortelle....
Subjuguant alors l'univers,
Tu renais plus grande et plus belle.

Méchants ! quand les temps finiront
Vous croirez l'avoir affaiblie :

Mais, sur vous les Cieux crouleront,
Couvrant d'éclat son agonie ;
Tel, les Philistins l'insultant,
Samson, dans sa fureur dernière,
Secouant leur temple tremblant,
Les écrasait dans la poussière !....

Obligés de ne pas différer davantage l'impression, au moment du Jubilé, nous regrettons de ne pouvoir joindre à ce dernier morceau la musique qui lui est destinée et qui n'a pas été achevée à temps.

Nous avons assigné des airs différents aux strophes de chacun des cantiques de ce petit recueil, ainsi qu'on a pu le remarquer en le lisant. Il ne cesse pas pour cela de convenir au peuple, qui n'a jamais à chanter que les chœurs. La tâche des chanteurs eux-mêmes n'est pas trop difficile, les mêmes airs revenant dans tous les cantiques et leur nombre total n'étant pas plus considérable que si chacun de ceux-ci avait son air propre. Nous renvoyons au surplus, pour toutes les objections de cette nature, aux observations que nous avons placées à la suite de la musique.

FIN.

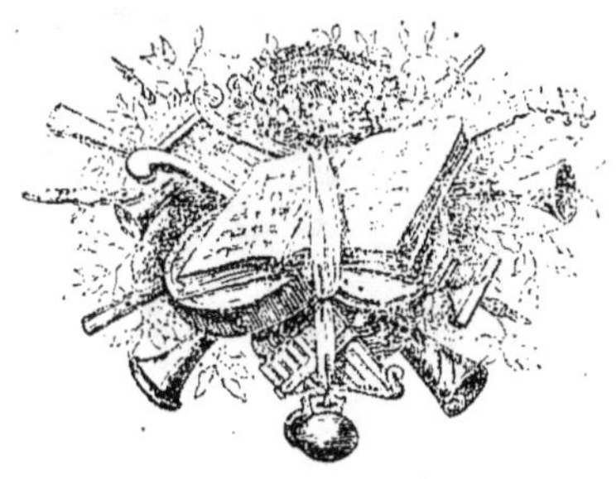

PARIS. — IMP. D'ADRIEN LE CLERE, RUE CASSETTE, 29.

Paris. — E. de Soye et Fils, imp., pl. du Panthéon, 5.

LE GLAIVE DES DÉSARMÉS

NOTRE UNION DE PRIÈRES

I

La France proteste contre une lâche injustice par la voix de ses pasteurs. Nos âmes sont tristes de toute l'angoisse qui étreint l'âme de la France. La victoire des Prussiens, sectateurs de Luther, avait épargné nos sanctuaires catholiques ; une autre invasion plus cruelle les menace et il nous faut défendre la sainteté de nos autels contre d'autres vainqueurs, tombés, au sein même de leur triomphe éphémère, dans la mort de l'apostasie.

Quelle va être l'arme de ceux qui soutiendront ce combat ? Nous avons dans nos rangs des soldats glorieux, munis de l'épée, des orateurs dont la parole est un prestige, des écrivains dont la plume est d'or : que tous ceux-là fassent usage de leurs dons, selon leur conscience, mais surtout qu'ils prient humblement, qu'ils prient inces-

samment en union avec nos enfants, nos femmes, nos pauvres, avec tous nos faibles, qui sont
les vrais FORTS et nous vaincrons.

J'ai mis en scène, dans mes *Merveilles du Mont
Saint-Michel*, la saisissante bataille livrée par
quelques moines, désarmés comme nous, aux
hommes-d'armes d'un puissant baron de l'ancien temps, libre-penseur jusqu'au brigandage.
Les moines ne marchèrent point à l'ennemi,
ils vinrent pieds nus devant le Saint Sacrement
exposé, et levant les mains vers l'Hostie, ils lui
crièrent leur juste plainte à pleine voix, jour
et nuit pendant une semaine.

Le baron libre-penseur les entendit prier et
voulut tirer vengeance de ce qu'il nommait un
outrage ; il accourut suivi de ses mirmidons, porteurs de lances, de haches, de hallebarbes, tous
sonnant la ferraille de pied en cap ; il donna
l'assaut à la maison de Dieu, il fut vaincu deux
fois : car il tomba du haut des remparts sur la
grève, mais il tomba à genoux pour demander
pardon et faire pénitence. L'histoire, qui rapporte
le fait, sous ce titre : *La grande Clameur des fils
de Saint-Benoît*, a soin de constater que le côté le
plus miraculeux du miracle fut la conversion
même du pécheur.

Prions nous aussi, le jour et la nuit, tous
ensemble, de toutes nos voix, de tous nos cœurs
pour que le droit ressuscite ; prions pour nos religieux persécutés, pour les maîtres bien-aimés de
nos enfants, pour les bienfaiteurs infatigables de
nos pauvres, mais prions encore, ah ! prions avant
tout pour les égarés qui persécutent nos saints,

pour les athées, pour les blasphémateurs, pour les aveugles, car ceux-là, follement victorieux en cette vie, sont menacés de la mort éternelle.

Nous poussons, comme les fils de Saint-Benoît, notre *grande clameur* et cela en plein dix-neuvième siècle, clameur muette, à la vérité, retentissant seulement au fin fond des cœurs, mais que le ciel et la terre écoutent. L'union de nos prières s'est propagée par toute la France avec une rapidité qui tient du prodige; voilà notre glaive à nous autres désarmés : la prière, et cette fulgurante épée, à peine sortie du fourreau, disperse en gerbe ses éclairs d'un bout à l'autre de la patrie chrétienne. C'est par millions que se chiffrent déjà les adhérents à notre silencieuse Clameur, et chaque heure qui passe en grossit le nombre que je ne saurais dire encore, mais j'établis mon compte; avant d'avoir terminé ces pages, j'aurai le total approximatif et je le dirai. Il m'est permis d'affirmer dès à présent que nul plébiscite, produit du suffrage universel, n'a jamais réuni, sous une même impulsion, des cœurs ameutés en si imposantes multitudes!

On en rit pourtant, on rit beaucoup de notre *union de prières* en ces lieux autrefois dignes de respect où des personnages momentanément très puissants délibèrent aujourd'hui, c'est-à-dire boivent, fument et divaguent. Un homme d'Etat, doué de qualités grandes, déshonorées par de plus grands défauts, avait dit à ces gens-là : « Votre république sera modérée ou ne sera pas. »

Ces gens-là le respectaient pour ses défauts et se méfiaient de lui à cause de ses qualités. Il avait traité l'un d'eux de *fou furieux*, leur chef, celui qui les mène à tâtons ; il voyait juste et il parlait vrai de temps à autre. Depuis qu'ils l'ont enterré et coulé en bronze, leur république n'a plus de Mentor, elle est modérée à la façon des possédés qui écument la danse de Saint-Guy ou l'épilepsie : elle se roule.

Les connaisseurs la jugent bien malade et prédisent les horribles ruines que doivent amonceler les convulsions de son agonie. N'ayons ni haine, ni crainte, unissons nos prières et regardons en face le péril. Les bourreaux ont plus à trembler que les victimes. Au-dessus de ces ignominieuses tragédies, la réalité de Dieu plane ; prions et pardonnons pour être pardonnés. Nous vaincrons.

II

Il fut un temps où les géants guindèrent Pélion sur Ossa, pour escalader le ciel ; la fable dit cela, mais la fable ment toujours, c'est son métier de poète. Une vague apparence de grandeur était au fond de cette fiction, or voilà l'invraisemblance : les géants dont le poing menace Dieu, ne sont jamais que des nains méprisables et burlesques, même quand Dieu permet, dans le mystère de son dessein, leur triomphe d'un jour.

Ce qui est vrai de toute vérité et de toute humanité, c'est l'entreprise des ingénieurs juifs qui essayèrent d'élever la Tour de Babel : voilà une spéculation pratique, sérieuse, bien combinée et digne d'être reprise en sous-œuvre par les politiquets de notre siècle ; aussi nos maçons diplômés sont-ils à l'œuvre, taillant les moellons du blasphème et gâchant le plâtre du paradoxe. Ils savent très·bien que leur immense baraque tombera et il la voient déjà chanceler sous la confusion des langues, mais là n'est pas la question pour eux. « Un sot trouve toujours un plus sot, » a dit quelqu'un. Ils ont médité cet axiome fondamental de la psychologie industrielle, et partant de cet autre principe également solide et large : « Après moi, la fin du monde, » ils espèrent.

Ils espèrent qu'ils auront le temps... le temps de quoi, cependant ? Le temps de dîmer sur les plus sots, d'exploiter l'incorrigible badauderie des coureurs d'argent, de bâillonner les sincères, d'opprimer les tranquilles, de marcher sur la tête des humbles, de trôner en satrapes, de jouir gloutonnement et de mener, en un mot, la copieuse bombance qui bersoufle le ventre ci-devant efflanqué des tribuns parvenus.

Ces bâtards de la liberté ne se bornent jamais en effet à étrangler leur mère, ils la mangent et cela maigrit leur cœur, tout en gonflant leur bedaine. La liberté, belle chose et sainte quand elle est comprise dans le pur sens, défini par Jésus, fournit une viande assez creuse aux chasseurs dénaturés qui l'abattent après l'avoir hypocritement adorée. N'allez pas vous figurer que Nabuchodonosor soit heureux ; il se meurt bientôt de mélancolie, si Dieu tarde à le changer en bête. Sa colique invétérée jalouse avec désespoir la sérénité de ceux qu'il torture.

Bourreau malade et perpétuellement tiraillé, il envie, dans la fièvre de ses haines, la paix splendide que rien ne peut arracher à l'âme des martyrs. Sa punition commence dès ce monde; elle est terrible, malgré l'apparence, et dure encore lors même que la clémence railleuse du Maître qu'il nie, lui permet de se vautrer enfin à quatre pattes. La bête garde les tortures de l'homme et cherche vainement à couper la queue ridicule, mais redoutable, dont elle traîne le poids après elle, comme tout forçat voiture son boulet.

Et il y a ici un mystère d'histoire naturelle qui prête à la gaieté des curieux, qui force la commisération des charitables : la bête ne conduit point sa queue, c'est sa queue qui la pousse. La hure invalidée ne fait jamais qu'obéir au mandat impératif de l'appendice caudal. Elle voudrait s'arrêter parfois, l'infortunée hure, dans sa besogne répugnante; elle a dégoût; la honte et la terreur la navrent au milieu même des joies qu'elle trouve à gueule-que-veux-tu dans sa mangeoire bourrée de truffes et sur sa litière, où chaque brin de fumier est une volupté payée par le budget de Babylone; elle demande grâce, elle grogne : « C'est assez, je n'en peux plus, nous sommes aux derniers barreaux de l'échelle, au-dessous de nous il n'y a plus que l'abîme... »

La queue impitoyable pousse toujours et répond dans une langue que l'illustre auteur de *Nana* aurait seul le talent de traduire : « Fouille, fouille encore, tu as promis, tu as juré, nous avons faim, nous avons soif, il n'y a eu de chambertin que pour toi, nous n'avons pas fumé un seul de tes cigares exquis, notre boue continue d'être grise, il y faut du rouge, où est le rouge ? Fouille plus bas, toujours plus bas, jusqu'à ce que tu aies atteint le fond de ton programme ! fouille, fouille ! »

Pauvre gros homme ! ceux qui le connaissent disent qu'il était né ni obèse, ni méchant. On ne choisit pas toujours librement son métier ; il fallait faire quelque chose et gagner sa vie, il a voulu être mandarin pour contenter tous ses appétits, je ne lui en veux pas. Il a du tempérament, de l'accent, du fumet, l'Académie (1) lui fait les yeux doux à travers les propres besicles qui lorgnèrent Emile Olivier si amoureusement autrefois ; il sera académicien s'il daigne, en dépit des protestations étonnées de la langue, il sera dictateur s'il veut, il sera même empereur s'il en a fantaisie, mais après ?...

— Comment ! Après ?

— Oui, j'entends : que fera-t-il ?

— La question n'est pas sérieuse ; vous savez par expérience qu'ils ne font jamais rien, sinon le mal, gaiement d'abord, puis à contre-cœur et honteusement, quand leur fringale est passée. Faire le mal est fatigant à la longue, faire le mal est douloureux, quand on n'y a point de vocation particulière et bien arrêtée, mais la queue commande, il faut obéir.

(1) Depuis que ceci a été écrit, l'Académie française s'est grandement honorée et, on peut le dire, relevée par l'élection de **M. Rousse**, le défenseur des persécutés.

*

LE GLAIVE

DES

ÉSARMÉS

NOTRE UNION DE PRIÈRES

PAR

PAUL FÉVAL

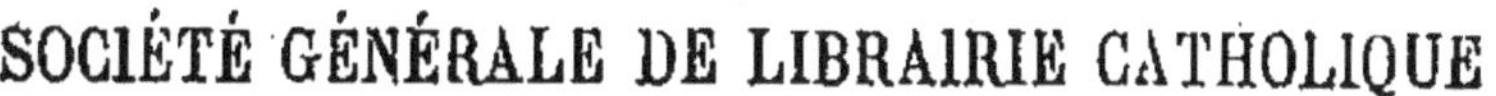

SOCIÉTÉ GÉNÉRALE DE LIBRAIRIE CATHOLIQUE

PARIS
V. PALMÉ
76, rue des Saints-Pères, 76

BRUXELLES
J. ALBANEL
29, rue des Paroissiens, 29

GENÈVE
GROSSET ET TREMBLEY, LIBRAIRES-ÉDITEURS

et digne d'être reprise en sous-œuvre par les politiquets de notre siècle; aussi nos maçons diplômés sont-ils à l'œuvre, taillant les moellons du blasphème et gâchant le plâtre du paradoxe. Ils savent très-bien que leur immense baraque tombera et il la voient déjà chanceler sous la confusion des langues, mais là n'est pas la question pour eux. « Un sot trouve toujours un plus sot, » a dit quelqu'un. Ils ont médité cet axiome fondamental de la psychologie industrielle, et partant de cet autre principe également solide et large : « Après moi, la fin du monde, » ils espèrent.

Ils espèrent qu'ils auront le temps... le temps de quoi, cependant? Le temps de dîmer sur les plus sots, d'exploiter l'incorrigible badauderie des coureurs d'argent, de bâillonner les sincères, d'opprimer les tranquilles, de marcher sur la tête des humbles, de trôner en satrapes, de jouir gloutonnement et de mener, en un mot, la copieuse bombance qui bersoufle le ventre ci-devant efflanqué des tribuns parvenus.

Ces bâtards de la liberté ne se bornent jamais en effet à étrangler leur mère, ils la mangent et cela maigrit leur cœur, tout en gonflant leur bedaine. La liberté, belle chose et sainte quand elle est comprise dans le pur sens, défini par Jésus, fournit une viande assez creuse aux chasseurs dénaturés qui l'abattent après l'avoir hypocritement adorée. N'allez pas vous figurer que Nabuchodonosor soit heureux; il se meurt bientôt de mélancolie, si Dieu tarde à le changer en bête. Sa colique invétérée jalouse avec désespoir la sérénité de ceux qu'il torture.

avait traité l'un d'eux de *fou furieux*, leur chef, celui qui les mène à tâtons ; il voyait juste et il parlait vrai de temps à autre. Depuis qu'ils l'ont enterré et coulé en bronze, leur république n'a plus de Mentor, elle est modérée à la façon des possédés qui écument la danse de Saint-Guy ou l'épilepsie : elle se roule.

Les connaisseurs la jugent bien malade et prédisent les horribles ruines que doivent amonceler les convulsions de son agonie. N'ayons ni haine, ni crainte, unissons nos prières et regardons en face le péril. Les bourreaux ont plus à trembler que les victimes. Au-dessus de ces ignominieuses tragédies, la réalité de Dieu plane ; prions et pardonnons pour être pardonnés. Nous vaincrons.

II

Il fut un temps où les géants guindèrent Pélion sur Ossa, pour escalader le ciel ; la fable dit cela, mais la fable ment toujours, c'est son métier de poète. Une vague apparence de grandeur était au fond de cette fiction, or voilà l'invraisemblance : les géants dont le poing menace Dieu, ne sont jamais que des nains méprisables et burlesques, même quand Dieu permet, dans le mystère de son dessein, leur triomphe d'un jour.

Ce qui est vrai de toute vérité et de toute humanité, c'est l'entreprise des ingénieurs juifs qui essayèrent d'élever la Tour de Babel : voilà une spéculation pratique, sérieuse, bien combinée pour les athées, pour les blasphémateurs, pour les aveugles, car ceux-là, follement victorieux en cette vie, sont menacés de la mort éternelle.

Nous poussons, comme les fils de Saint-Benoît, notre *grande clameur* et cela en plein dix-neuvième siècle, clameur muette, à la vérité, retentissant seulement au fin fond des cœurs, mais que le ciel et la terre écoutent. L'union de nos prières s'est propagée par toute la France avec une rapidité qui tient du prodige; voilà notre glaive à nous autres désarmés : la prière, et cette fulgurante épée, à peine sortie du fourreau, disperse en gerbe ses éclairs d'un bout à l'autre de la patrie chrétienne. C'est par millions que se chiffrent déjà les adhérents à notre silencieuse Clameur, et chaque heure qui passe en grossit le nombre que je ne saurais dire encore, mais j'établis mon compte; avant d'avoir terminé ces pages, j'aurai le total approximatif et je le dirai. Il m'est permis d'affirmer dès à présent que nul plébiscite, produit du suffrage universel, n'a jamais réuni, sous une même impulsion, des cœurs ameutés en si imposantes multitudes !

On en rit pourtant, on rit beaucoup de notre *union de prières* en ces lieux autrefois dignes de respect où des personnages momentanément très puissants délibèrent aujourd'hui, c'est-à-dire boivent, fument et divaguent. Un homme d'Etat, doué de qualités grandes, déshonorées par de plus grands défauts, avait dit à ces gens-là : « Votre république sera modérée ou ne sera pas. »

Ces gens-là le respectaient pour ses défauts et se méfiaient de lui à cause de ses qualités. Il samment en union avec nos enfants, nos femmes, nos pauvres, avec tous nos faibles, qui sont les vrais FORTS et nous vaincrons.

J'ai mis en scène, dans mes *Merveilles du Mont Saint-Michel*, la saisissante bataille livrée par quelques moines, désarmés comme nous, aux hommes-d'armes d'un puissant baron de l'ancien temps, libre-penseur jusqu'au brigandage. Les moines ne marchèrent point à l'ennemi, ils vinrent pieds nus devant le Saint Sacrement exposé, et levant les mains vers l'Hostie, ils lui crièrent leur juste plainte à pleine voix, jour et nuit pendant une semaine.

Le baron libre-penseur les entendit prier et voulut tirer vengeance de ce qu'il nommait un outrage ; il accourut suivi de ses mirmidons, porteurs de lances, de haches, de hallebarbes, tous sonnant la ferraille de pied en cap; il donna l'assaut à la maison de Dieu, il fut vaincu deux fois : car il tomba du haut des remparts sur la grève, mais il tomba à genoux pour demander pardon et faire pénitence. L'histoire, qui rapporte le fait, sous ce titre : *La grande Clameur des fils de Saint-Benoît*, a soin de constater que le côté le plus miraculeux du miracle fut la conversion même du pécheur.

Prions nous aussi, le jour et la nuit, tous ensemble, de toutes nos voix, de tous nos cœurs pour que le droit ressuscite ; prions pour nos religieux persécutés, pour les maîtres bien-aimés de nos enfants, pour les bienfaiteurs infatigables de nos pauvres, mais prions encore, ah ! prions avant tout pour les égarés qui persécutent nos saints,

LE GLAIVE DES DÉSARMÉS

NOTRE UNION DE PRIÈRES

I

La France proteste contre une lâche injustice par la voix de ses pasteurs. Nos âmes sont tristes de toute l'angoisse qui étreint l'âme de la France. La victoire des Prussiens, sectateurs de Luther, avait épargné nos sanctuaires catholiques ; une autre invasion plus cruelle les menace et il nous faut défendre la sainteté de nos autels contre d'autres vainqueurs, tombés, au sein même de leur triomphe éphémère, dans la mort de l'apostasie.

Quelle va être l'arme de ceux qui soutiendront ce combat ? Nous avons dans nos rangs des soldats glorieux, munis de l'épée, des orateurs dont la parole est un prestige, des écrivains dont la plume est d'or : que tous ceux-là fassent usage de leurs dons, selon leur conscience, mais surtout qu'ils prient humblement, qu'ils prient inces-

Paris. — E. de Soye et Fils, imp., pl. du Panthéon, 5.

Peut-être que le mandarin rassasié perdra patience un matin, il essayera d'amputer sa terrible queue. Alors, sa queue l'étranglera pour l'enterrer finalement et civilement. Et du plus grand des fils d'épicier il restera un kilogramme de putréfaction à six pieds sous l'herbe, plus un alinéa ou deux dans ce roman sinistre et incohérent qui sera notre histoire contemporaine.

Je ne parle même pas ici de l'éternité qui l'attend, parce que, à tout prendre, la miséricorde divine est infinie et aussi parce qu'il y aurait, ce me semble, peu de convenance à égarer la haute gravité de certaines idées dans ces pays de carnaval. Puisse, pourtant, la dernière minute du mandarin, ce pauvre diable, entrevoir le repentir et la prière ! Je souhaite cela de tout mon cœur. L'infortuné aura beaucoup péché, c'est manifeste, mais n'aura-t-il pas un peu expié en portant dans la vie ces deux intolérables fardeaux, son estomac par devant, sa queue par derrière ?

III

Nos mascarades ont d'ailleurs çà et là des gaietés moins obscènes. Un homme heureux et méritant son bonheur, c'est le ténor de la troupe des *Débats*, qui a été sacré étourdiment ambassadeur, non point de France, mais de la république : grand bien lui fasse et à la république aussi ! M. John est un balancier bien pendu qui oscille encore avec facilité, malgré son âge. Un ambassadeur français s'appellerait tout bonnement Jean et se contenterait d'une seule *n* pour faire Lemoine. Avec des noms pareils, John Lemoinne, et en sortant du ministère Waddington, la république avait-elle bien besoin de notifier solennellement aux puissances étrangères qu'il ne s'agissait plus de France chez nous? Nous nous appelons Gambetta, Spuller, Wilson; j'ai fait toute la foire pour trouver le dernier âne du nom gaulois de Martin; le moindre Aliboron veut être Martinn, Martyns ou Martino, et brait en anglais, en prussien, en génois : je trouve que la république prodigue une loyauté tout à fait superflue, quand elle crie à l'Europe : « Je ne suis plus la France! » L'Europe le sait parbleu bien. La France, fille aînée de l'Eglise, n'a rien de commun avec la chose que M. John a été sur le point de représenter je ne sais où.

Mais quelqu'un pourrait-il me dire ce que M. John aurait représenté au juste? Le sait-il bien lui-même? Et cela lui importe-t-il peu ou prou? J'en doute fort. On l'embarrasserait mortellement si on lui demandait à quelle croyance il appartient, car il a tout caressé comme il a tout mordu, souple qu'il est, ondoyant, capricieux, académicien aimable, fin cockney, bourgeois implacable, politiqueur impressionniste, chef-d'œuvre de l'usine à premiers Paris : quelque chose comme pourrait-être l'homuncule à ressorts du docteur Faust, perfectionné par l'éducation doctrinaire qui nie le cœur. Je n'ai jamais eu l'honneur de me rencontrer avec le gentleman, mais j'ai ausculté sa prose où rien ne bat, sinon le vieux piston du journal des palinodies, huilé à neuf, j'entends le piston, nettoyé, rajeuni, reverni, presque doré et pouvant jouer en tous sens dans toutes les gaînes, parce qu'il est fait d'un métal trois fois plus élastique que le caoutchouc.

C'est la matière première dont on fabrique les Marcellus du centre gauche, destinés par leurs familles à exploiter l'opposition en zig-zag et à vivre de va-et-vient : cœurs mécaniques qui se remontent à la clé, nerfs d'occasion pouvant servir à des demoiselles âgées.

En chancellerie, M. John aurait été plus présentable assurément que bien des Challemel-Lacour. Il est encore vert, et la prochaine restauration pourra utiliser les reliefs de sa fidélité que n'ont point usée tant de voyages en escarpolette.

Dans ces dernières années, après avoir maltraité de son mieux la démocratie et dardé vers la royauté des œillades intermittentes, il avait changé galamment, non point d'avis, il n'en a pas, mais d'allures. Les rayons de l'opportunisme l'avaient culbuté, converti sur la grande route, soit qu'il allât à Damas, soit qu'il revînt de Chantilly, et tout d'un coup les nerfs de fille trop majeure qui servent de ficelles à sa fantaisie l'avaient induit à encanailler sa doctrine dans le malpropre mardi gras de l'impiété. C'est un signe du temps, de voir souvent le *journal des Débats,* quand il y a un gros bureau de tabac à « enlever », rivaliser de bon ton avec la *Lanterne.* On gagne des carnets diplomatiques et même des portefeuilles ministériels à ces sauts que l'ancêtre Bertin, peint par Ingres, dans son fauteuil, aurait jugé dignes de Mazas. M. John a vraiment mérité mieux qu'une ambassade et nous lê verrons ministre des cultes, puisqu'il s'est amendé athée.

Je connais un assez grand nombre de personnes naïves qui préfèrent les vrais communards à ces marchands de sophismes, et le vrai pétrole à ces vivantes pommades. Raoul Rigaud et Hartmann sont de francs assassins qui risquent leur cou au besoin, mais les doctrinaires opportunistes ne risquent jamais rien, sinon le sang ou l'argent d'autrui. Ils voient tout aussi bien que nous le trou vitrioleux béer en travers de leur route, mais ils espèrent tromper l'effroyable avidité du gouffre en lui jetant beaucoup de Jésuites à dévorer. Piètre calcul. La mort des saints fortifie l'Église de Dieu. L'opportunisme a beau caresser le monstre, le monstre avalera l'opportunisme, puis crèvera empoisonné par ce festin d'égoïsme, de couardises et d'hypocrisies.

Il faut prier, on ne saurait trop le redire, non pas tant pour les martyrs immortels que pour les persécuteurs à l'agonie... Et tenez! ce mot *agonie* est souligné énergiquement par la fugue de M. John, car les *Débats* et leurs ténors ne *lâchent* jamais les pouvoirs qui ont la vie dure !

Vous avez lu leurs journaux; vous avez écouté le concert de leurs gorges chaudes à propos de cette vaste union de nos cœurs chrétiens amoncelant les prières de façon à former, nous aussi,

**

le marchepied géant qui escalade le ciel. Notre tour mystique s'élève et ne s'arrêtera point en chemin comme Babel, car on ne parle qu'un seul langage au long de sa spirale sans fin qui conduit l'armée des humbles et des charitables à l'assaut de la divine Miséricorde. C'est le combat de la paix qui ne frappe pas et ne crie pas vengeance : c'est le chœur unanime des fidèles, appelant sur l'impiété, non point le châtiment mais le pardon. Ceux qui se moquent ou qui maudissent savent cela, mais ils essayent de ne point croire à notre clémence, condamnés qu'ils sont à toujours haïr. Le bien révolte la conscience du mal, comme la limpidité de l'eau soulève l'estomac des ivrognes.

Le châtiment viendra pourtant, inévitable sans que nous l'ayons appelé, il viendra malgré nous ; et si sévère que la justice éternelle le fasse, nous en aurons certainement circonscrit l'étendue, puisqu'il n'est point d'aspiration portée jusqu'au Cœur de Jésus dans les plis purs du voile de Marie qui ne soit exaucée selon une large mesure.

En attendant que l'arrêt soit rendu souverainement par le Juge en qui tout est infini, l'équité comme la douceur, nous, les persécutés, défendons-nous avec vaillance, ne fût-ce que pour amoindrir, autant qu'il est possible, le crime des persécuteurs, et, au plus fort de notre peine, clamons vers Dieu le plaidoyer suprême du Christ expirant sur la croix : « Pitié pour eux, Seigneur, ils ne savent ce qu'ils font ! »

Ils ne savent ce qu'ils font, ces fous d'ambition et de concupiscence, ces jouisseurs effrénés, ces

goinfres de voluptés sensuelles qui empiffrent
leurs corps surmenés en damnant leurs âmes,
vendant ainsi pour un plat de misérables len-
tilles l'héritage de leur droit d'aînesse, pour une
indigestion de quelques jours la radieuse santé
d'un avenir sans bornes, pour une névrose enflé-
vrée la paix radieuse de leur éternité.

Ils ne savent pas ce qu'ils font, ces aveugles,
ces prodigues n'ayant pas même la sagesse qu'il
faut pour économiser l'indigent capital de leurs
sens et garder jusqu'à l'âge voulu l'appétit naturel, la faculté d'être heureux bestialement !

Ils ont abusé de leur chair qui se venge. Leur
œsophage n'en peut plus, leurs boyaux pendent
ou se tuméfient comme des ballons, leurs jarrets
plient et flageolent sous le faix de leurs nopces et
festins. Ils sont à bout d'eux-mêmes. Pour contenter encore le besoin de mal faire qui survit à
leurs désirs décédés, il leur faut ces encouragements inexprimables que les baigneurs grecs
inventèrent pour galvaniser l'impotence des satrapes avachis de l'Orient !

Et ils persécutent ! cela les ressuscite. Ces malheureux, vautrés si bas, s'attaquent à Dieu tout-
puissant ! Ils croient vivre encore parce que, de
temps en temps, la haine envoie à leurs cerveaux
ce qui leur reste de sang apauvri et donne à leurs
fureurs la force de vagir ! Nous parlions naguère
de Nabuchodonosor changé en bête, Dieu s'est
servi pour quelques-uns de nos ennemis d'un
sarcasme encore plus cruel, et il faut aborder le
règne végétal pour exprimer le lugubre comique
de certaines condamnations. Le crayon de Gran-

ville avait animé déjà les cucurbites : ce n'est pas moi, qui invente ici la citrouille enragée !

Vitellius n'était que le produit des fumiers du Bas-Empire, la Basse-République fait mieux. Je lis peu, et pour cause, les débats de la Chambre, mais on m'a apporté le récit de la « Séance, » de la fameuse séance où Jupiter opportuniste a tonné comme une chaudière qui crève. Où est Junéval ? Le compte rendu officiel éternuait et gigottait comme une épopée de tapis francs. Où est M. Zola ! Y a-t-il quelqu'un de plus cordialement attaché au poème de la nausée que M. Zola ? Où est ce quelqu'un ? Qu'on nous l'aille chercher en toute hâte pour écrire en digne style avec une plume de chat-huant, trempée dans la noire purée des cloaques, cette page stupéfiante où le délire de l'hippopotame en colère a beuglé parodiant le *sic-volo* des tyrans les plus sévèrement flétris par l'histoire.

C'est là la république. Ces orgies de sauvage despotisme sont la liberté républicaine ; ces danses macabres d'oppression et de violences sont la paix républicaine.

Et ils disent que leur république n'est pas encore assez république, ils comptent faire pis : leur bave moussera plus épaisse et plus rouge. Qu'est-ce en effet qu'un *assommoir* où la plate odeur de l'absinthe n'est pas rehaussée par le parfum du sang ? L'Europe ébahie les regarde et attend le sang.

IV

Au lendemain de la fameuse séance qui dévora le député Godelle, un de leurs voyageurs en impiété partit pour la plus chrétienne de nos villes, où son entrée triomphale était payée d'avance et préparée à grands frais. On travaillait depuis des semaines à mijoter une ovation qui n'a point réussi. Le ban et l'arrière-ban de ceux qui gagnent des places ou de l'argent à blasphémer le nom du Christ était convoqué pour que le gros des aboyeurs subalternes eût au moins quelques valets de meute sachant donner à propos le signal des huées et varier agréablement les cris : « Vive l'article 7 ! » « à bas le Sénat ! » etc. C'était très bien organisé; la police prévenue devait chanter, sur le passage du voyageur opportuniste, la *Marseillaise*, le *Beau Nicolas* et autres hymnes nationaux, sans se préoccuper des horions, poussées et bourrades que tout prêtre, tout religieux, ou même tout vieillard paisible, doué d'une tournure trop honnête, est apte à recevoir dans ces belles fêtes de la fraternité.

Il n'y avait point d'anicroche possible, tant les mesures étaient savamment prises ! L'auguste commis-voyageur qui, malgré sa lourde tournure, se croit joli plus qu'Adonis et disert comme un cornet à pistons, allait positivement éblouir la ville par ses improvisations apprises devant la glace de son cabinet avec les gestes, la

***

fougue, les airs de tête et la musique ; on avait des gamins, triés sur le volet, pour prodiguer à Son Excellence les applaudissements de leur candeur ; on avait des porteurs de blouse pour « faire le peuple », comme au théâtre de l'Ambigu ; on avait des « jeunes vierges », vêtues de blanc, pour les atteler au char ministériel ; on avait tout, et le plus beau des Athéniens, après avoir fourni plusieurs échantillons de son éloquence si cruellement méconnue à la tribune, ne pouvait manquer de remporter à Lille une de ces éclatantes victoires qui font époque dans la vie d'un grand maître de l'Université.

Hélas ! vous savez le dénouement de l'aventure : le succès n'est pas toujours laïque et n'est jamais obligatoire : cette libre divinité, moins aveugle qu'on ne le pense, ne se laisse pas volontiers mener par les gendarmes. Au lieu d'aller vers la préfecture où l'appelaient les menaces et les caresses de l'administration, le succès s'est égaré très loin de là dans l'enceinte de l'Hippodrome pour applaudir un jeune, un loyal orateur, parlant français, celui-là, parlant chrétien et qui, au lieu de crier : « vive les décrets ! » selon le prospectus de la rue de Grenelle, démontrait devant un auditoire immense, tout frémissant d'enthousiasme, l'inanité misérable de ces instruments d'oppression, en rendant honneur à qui ? à ceux qui combattent « pour la plus grande gloire de Dieu », aux *fils de Loyola*, aux jésuites, acclamés par six mille voix haletantes d'émotion pieuse, tandis que le voyageur de la haine avait à peine su réunir à sa « cérémonie » un piteux millier de bambins, de fonctionnaires et de francs-maçons !

Ce n'est pas à dire pourtant que le voyage de l'opportunisme ait été sans résultat aucun : quelques dégâts, nous devons l'avouer pour être juste, ont été obtenus, quelques vitres même ont pu être cassées et il y a eu commencement de tumulte, mais sans entrain, l'agence Havas est forcée d'en convenir : un seul respectable bonhomme a été battu ; deux pauvres enfants seulement, acculés contre un treillage, ont été mal assommés, et ce qui pis est, il n'y a eu pour être à demi houspillés que trois ou quatre prêtres !

Enfin aucun moine, chose pénible à confesser, n'a été traîné dans le ruisseau. On avait espéré beaucoup mieux, et, au sein d'un très important conciliabule, le voyage de l'opportunisme a été qualifié de *four complet*, ce qui signifie, dans le langage élevé de nos hommes d'État, une chute lourde dont on a quelque peine à se relever.

Aussi ne sont-ils pas à leur aise les vainqueurs de Dieu, et leur embarras est fait pour attendrir les âmes sensibles. Ils ont passé au travers du corps de la vérité leur sabre de bois, ils ont déchargé à bout portant, sur la foi, leur pistolet de paille croyant commettre un double et productif assassinat, mais la foi et la vérité continuent de cheminer imperturbablement. N'est-ce pas humiliant ? et ne faut-il point excuser la mauvaise humeur de ces infortunés bourreaux qui suent sang et eau à massacrer d'immortelles victimes ?

Moi, je conçois très bien la férocité de leur rancune, narguée sans cesse par le pardon des saints. Ils frappent, ils cognent, ils perdent haleine à jouer de la société secrète, de l'arbitraire, de la calomnie, toutes armes qui passent pour être bien plus homicides que le couteau même ou le poison ; ils en usent, ils en abusent, et l'ennemi qu'ils traquent, empoisonné, étranglé, poignardé, leur sourit avec mansuétude, sans bravade, bien portant comme les piles du Pont-Neuf, et de bonne humeur par surcroît : n'y a-t-il pas là de quoi donner la rage ?

Le cléricalisme est sorcier, on le dirait : il vit de ses blessures, et sa force est si obstinée, que sur le chevalet même où la libre-pensée essaye de l'écarteler, il poursuit sa tranquille patenôtre. C'est à peine si le bruyant et inutile travail de l'athée lui donne çà et là une minute de distraction.

Et encore, l'oraison commencée n'en est point interrompue. Le cléricalisme, soit qu'on l'insulte, soit que même on l'assomme, ajoute seulement un verset à son cantique et, se souvenant de la miséricordieuse parole de Jésus, il ouvre une parenthèse pour demander à Dieu la grâce de ceux qui « ne savent pas », *qui nesciunt.*

Ils ne savent pas, car ils s'étonnent ! En conscience, pourtant, comment veut-on que nous soyons troublés ou que nous ayons crainte, puisque nous avons choisi librement pour y dormir le dur lit du sacrifice et que nous y avons comme oreiller la pleine certitude en Jésus ? Ah ! citoyens, combien vous avez tort de ne point croire aux miracles ! Le miracle est devant vous et vous crève les yeux. La foi que vous appelez cléricalisme, parce qu'il vous faut toujours des mots imposteurs pour masquer le néant de votre pensée, la foi est là, dressée en face de vous et intacte absolument, quoique vous l'ayez hachée menu comme chair à pâté. Oseriez-vous prétendre que vos coups l'aient entamée ou amoindrie? Moi, je vous affirme sur mon salut que vous l'avez grandie, réveillée et fortifiée.

Vous n'allez pas à l'église, c'est un malheur pour vous; que n'y êtes vous entrés seulement par curiosité pendant le mois de Marie, pour constater *de visu* ce fait étrange. Dieu s'est servi de vos efforts mauvais; il a tourné votre mal en bien; grâce à vous, nos églises sont pleines à regorger et les scrutins futurs vous réservent plus d'une surprise : vous avez doublé, peut-être triplé le nombre des fidèles!

Certes, mes chers citoyens, je ne voudrais rien vous dire qui pût vous chagriner, car je ne vous hais point et, comme les autres membres de l'Union, je prie pour vous bien des fois chaque jour, mais n'y a-t-il pas là un piquant lardon à votre adresse? Dieu raille quelquefois les rois de de la terre, l'Écriture le dit : les rois et aussi les caricatures de rois. L'Etre suprême, comme parlait Robespierre, est entré en liesse, à l'aspect de vos magnanimes efforts et il a fait de vous (ne m'en veuillez pas, ce n'est point ma faute) des instruments de son éternel pouvoir.

Citoyens, vous servez le cléricalisme!

Vous *faites de la publicité* pour la foi catholique : semblables à ces écuyers des cirques de province qui parcourent les villes à cheval en tapant sur des grosses caisses, vous battez le rappel de la piété à la porte de nos temples: Citoyens, soyez remerciés.

Vous faites mieux encore, et c'est ici le moment de vous révéler les résultats incomplets de ma chasse aux chiffres : On peut déjà évaluer à 8 ou 10 millions (je dis et j'écris HUIT OU DIX MILLIONS) le nombre des adhérents à l'Union de prières qui monte quotidiennement vers le ciel en faveur des congrégations menacées. Ce sont, il est vrai, en majorité, des femmes et des enfants, mais ce sont des âmes, et s'il vous arrivait de lire, par fantaisie, la formule employée par ces âmes dans leurs oraisons dont vous vous moquez, vous verriez, comme je vous l'ai dit déjà et comme c'est la coutume parmi nous, vous verriez que ces âmes implorent la pitié céleste pour les impies, les blasphémateurs et les athées, pour vous tous, en un mot, citoyens, que vous soyez excellences, députés, conseillers municipaux ou simples comparses, emmaillottés librement dans vos erreurs et dans vos colères!

Que pensez-vous de cette humble manifestation : dix millions? Et il y en aura bientôt douze, car la *clameur* se propage et mon addition n'est pas achevée.

S'il vous était possible de provoquer à l'appui de vos tristes idées un mouvement de cette sorte, ou la moitié seulement d'un pareil plébiscite, ou seulement le quart, quel tapage infernal vous méneriez! Je me souviens de vos bruyants étonnements lors du petit million de signatures non contrôlées, encaissé par la quête maçonnique du citoyen Jean Macé. Mon énumération à moi reste aussi sans contrôle et je ne vous dois point les bases de mon calcul qui est certainement au-dessous de la vérité, beaucoup au-dessous.

Si puissant que soit ce gigantesque appel, Dieu ne l'exaucera point peut-être d'une manière apparente, si son dessein est d'aggraver la punition de la France par l'exil des saints, mais il l'écoutera en définitive, et comme nulle prière n'est jamais perdue, soyez sûrs que, sous une forme ou sous une autre, la bonté divine y répondra dans un avenir prochain.

Aussi, prions-nous avec une confiance sans bornes, acceptant, quel qu'il soit, le verdict de la suprême et adorable volonté; nous souhaitons de franc cœur que les châtiments de l'inévitable justice soient détournés de vous à la maleheure par la sincérité du repentir qui vous viendra.

Nous le souhaitons; vous n'êtes pas méchants, pauvres persécuteurs, empêtrés dans vos commerces politiques comme des gibiers pris au piège; vous avez escamoté de l'argent, des places, du pouvoir; vous tenez à tout cela bien plus qu'à l'honneur, c'est naturel dans votre monde où Dieu n'est pas. Nous n'ignorons point ce que vous souffrez, martyrs de la bourgeoise avidité; nous ne saurions avoir pour l'égoïsme de vos angoisses qu'une compassion sincère et très profonde, nous qui allons d'un pas si tranquille dans notre route droite, sans peur, sans ambition, puisque rien sur la terre n'est capable de nous effrayer, et puisque nos désirs s'élancent tous au-dessus de la terre.

Vous, au contraire, gorgés de notre bien, piétinant sur nos libertés, votre convoitise vous traîne en laisse; vous suez froid et vous soufflez d'ahan, écrasés sous le poids par trop burlesque de vos gloires, ahuris par des terreurs qui prêtent à rire sans doute, mais qui font grand pitié.

Nous vous plaignons en vos concupiscences et en vos poltronneries, loups repus, loups dodus, qui écoutez les loups maigres et affamés hurler tout autour de votre ripaille; aucun de vous n'ignore qu'il sera mangé, et c'est pour être mangés le plus tard possible que vous dépecez la chair de Jésuite, destinée à décarêmer la faim canine de vos héritiers présomptifs. C'est très bien aujourd'hui, mais demain? Quelle autre viande distribuerez-vous à votre famille impatiente quand vous aurez une fois débité les congrégations?

Il y a des clous très pointus sous les roses de votre couche, nous plaignons vos malheurs de polichinelle, je ne plaisante pas du tout, c'est vous que nous plaignons et non pas les saints. Les saints n'ont pas besoin de nous pour souffrir joyeusement ou pour vaillamment mourir. Les saints ont plaidé votre cause près de nous qui sommes l'innombrable peuple des enfants, des femmes, des jeunes gens pieux et des humbles vieillards; ce sont les saints, désignés par vous pour être crucifiés, qui nous ont ordonné de prier pour vous avant de prier pour eux-mêmes!

On dit qu'il y a parmi vous un homme d'assez

bonne compagnie, un protestant quasi modéré, propre dans ses goûts, à qui vos mœurs répugnent énergiquement, mais que son naïf amour du pouvoir retient enchaîné dans votre compagnie. Il a voulu faire fortune à tout prix ; il fait fortune en se bouchant le nez, en fermant les yeux et les oreilles pour ne vous point voir, ne vous point entendre et ne vous point sentir.

Je ne sais si je me trompe, mais je regarde celui-là comme étant le moins pardonnable d'entre vous, puisqu'il n'est pas sans quelque bon sens, sans quelque tenue, sans quelque remords ; il a jugé sévèrement votre article 7, tout en le soutenant, et la misérable farce jouée à Lille lui a soulevé le cœur. Il se lave les mains, après vous avoir touchés, dans la cuvette de Ponce Pilate.

Eh bien ! Nous prions pour cet infortuné comme pour les autres, quoiqu'il n'ait point l'excuse de la complète brutalité. Dieu infiniment bon, ayez pitié de la gourmandise polytechnique et que votre règne arrive jusque dans ce pauvre malheureux esprit qui peine si rudement à garder ses bénéfices !

V

Le chiffre grandit cependant, le total de nos combattants monte comme une marée ; on me dit, on me prouve que les désarmés ont mis au vent *douze millions* de prières quotidiennes, douze millions de glaives sans tache que le sang ne rougira jamais et dont le pur acier renvoie vers Dieu le rayon de la charité céleste. Les journaux, amis de la libre-pensée, c'est-à-dire oppresseurs sans vergogne de toute pensée contraire à la leur, ne sont pas unanimes pour railler cette énorme levée de boucliers ; il y en a qui la déclarent sans rire, immorale, illégale et même subversive. *Le Siècle* cherche un moyen décent de coudre les lèvres des petits enfants pour les empêcher de dire leur trois *Ave Maria*, à l'intention du maintien des écoles chrétiennes ; les oiseaux, en effet, ne sauraient plus chanter si on leur cadenassait le bec.

Mais les petits enfants ne sont pas des oiseaux ; ils ont une âme qui sait chanter et prier en dedans, sans que rien paraisse au dehors. Je l'ai dit, je le répète, notre *grande clameur* est silencieuse : le cri de la faiblesse et de la tendresse, le cri de l'humilité et de la miséricorde, le cri de la liberté catholique n'éclate point à hauteur d'homme. Proféré dans le fond des cœurs, il n'a son retentissement qu'au-dessus des nuages !

J'ai une chère fillette qui fait sa première communion ce mois-ci, les honorables écrivains du *Siècle* ne savent pas ce que vaut un « Je vous salue Marie » dans la bouche des anges bien aimés qui ouvrent leur cœur pour la première fois au baiser de Jésus-Hostie. Ces pures, ces douces fiancées de Dieu, parlent à la mère de Dieu toujours Vierge la langue caressante, la langue toute-puissante de l'enfant préféré, gâté, obéi par l'amour maternel ; entre nos douze millions de glaives, voilà ceux qui sont fées comme les lances d'or des livres de chevalerie ! Les désarmés comptent par milliers ces épées vivantes et candides à qui rien ne résiste.

Ma fillette prosternée dit à la Reine des cieux : « O Vierge mère, portez mon cœur jusqu'au Cœur de Jésus dans lequel vous êtes! » Et Marie, bonté admirable, écoute en souriant cette voix connue; elle prend la prière de l'enfant dans ses mains pleines de bénédictions et l'élève, et la verse dans ce vase adoré des miséricordes, le Cœur très sacré de son fils.

Faut-il nombrer ces autres armes, également magiques, les oraisons soupirées dans le fervent silence des cloîtres par les épouses du Seigneur? Celles-là, les vraies filles de Marie, ont donné à l'Epoux tout ce qu'elles avaient et se sont données elles-mêmes dans la joie sans bornes de leur sacrifice. J'ai, parmi elles aussi, un cœur qui était, qui est toujours une grande part de mon cœur; je les connais, je sais le parfum délicieux que répandent ces âmes, transparentes comme le cristal, mais en même temps si humblement cachées!

De ces sanctuaires habités par la charité vaillante et ardente, par le dévouement, par le fier mépris de soi-même, le *laus perennis*, la louange qui n'a ni cesse ni relâche, s'exhale nuit et jour pour monter, nuage d'encens, vers le ciel. Nous vaincrons, nous, les désarmés par le nombre et la trempe de nos vœux.

Nous vaincrons par le tranchant de nos amours!

N'y a-t-il point, cependant, quelque exagération dans ce compte : *douze millions* de glaives spirituels, dégaînés en faveur de la liberté chrétienne? Je disais tout à l'heure. « Je ne vous dois point les bases de mon calcul. » C'est l'évidente vérité, mais vous n'êtes pas obligés non plus de me croire sur parole et je veux au moins vous mettre à même d'apprécier la justesse de mon arithmétique. Vous pouvez ne point ignorer combien il y a de prêtres en France, évêques, curés, vicaires ou autres, mais savez-vous combien, en moyenne, chaque prêtre dirige de consciences? Non, assurément, car si vous l'aviez su, vous n'auriez point allumé les foudres tragi-comiques de vos décrets.

Savez-vous au moins combien il y a de prêtres, instituteurs publics ou privés et combien ils ont d'élèves? combien ils en *ont eu* surtout, qui sont restés leurs fidèles? Non, encore. Comment le sauriez-vous? Dans vos Universités, le lien qui rattache l'élève au maître est un licou généralement détesté. Le jour où l'on quitte vos licées, pour n'y jamais revenir, est le plus beau de la vie. Je suis un ancien élève interne de vos lycées, et c'est pour cela que tous mes enfants ont été éduqués dans des institutions libres.

Cela ne veut point dire que vos établissements universitaires manquent de bons professeurs et même d'excellents hommes, mais depuis longtemps déjà, et peut-être depuis toujours, votre Université s'est isolée de Dieu. Avant que vous en eussiez chassé Dieu tout à fait, Dieu n'y était que par tolérance et comme en manière d'acquit. Or, là où Dieu n'est plus, tout devient vite compétition, opposition, malveillance et rancunes.

Le plus fidèle écho des sentiments qui courent,

c’est le livre. Je vous défie de trouver dans le suffrage universel exprimé par les livres une autre majorité que celle de la méfiance ou du mépris, à l’endroit de vos lycées. Est-ce justice ? je ne l’affirme point, je me borne à constater un fait et à proclamer bien haut, sans crainte d’être démenti, que dans les institutions libres, tenues chrétiennement par des prêtres et surtout par des religieux, le résultat est absolument différent : contraire du tout au tout !

Là, il y a entre le maître et l’enfant communauté de croyances, sympathie entière de pensées. Un lien se forme, un lien de robuste affection qui unit, non seulement au professeur, mais à toute la « congrégation », non seulement l’élève lui même, mais la famille entière de l’élève, le père, la mère, les frères, les sœurs et souvent encore les amis de la famille.

Hier encore, 23 mai, nous étions rassemblés en foule compacte dans l’immense salle du collège de Vaugirard pour célébrer la fête du respecté P. Chauveau, le compagnon de Pierre Olivaint, l’auteur du livre d’or qui raconte la courte et belle vie des élèves du Gésu, morts pour la patrie. Je pensais à vous, citoyens et je me disais : « Que ne sont-ils ici pour voir tous ces enfants d’hier, devenus hommes et visitant leur bercail, pour les sentir tout frémissants d’enthousiasme sous l’ardente et chevaleresque parole de M. Chesnelong, pour entendre le long, le grand cri d’amour qui retentit sous ces voûtes !...

Mais, citoyens, vous n’aviez nul besoin de voir, de sentir, ni d’entendre, vous étiez fixés d’avance :

il y a longtemps que vous n'ignorez rien de tout cela, puisqu'il y a longtemps que vous en avez peur. Cette force de la tendresse, fondée sur l'estime mutuelle, sur la confiance partagée, vous a semblé si redoutable que vous avez perdu le courage de lutter contre elle ; vous vous sentiez vaincus d'avance, et de même que les Pharisiens de Jérusalem, autrefois, complotèrent l'assassinat du Christ par frayeur, vous vous êtes dit en vos conseils judaïques : « Il faut tuer ces gens qui sont meilleurs que nous, plus habiles que nous et à qui nous ne pouvons faire concurrence ! »

Seulement, ces gens, imitateurs et successeurs de Jésus, ne sont pas faciles à tuer. Le drame de leur « exécution » joue ses premières scènes, il est vrai, et rien n'y manque, ni Judas, ni le valet de Caïphe, ni Barabbas, ni Pilate, mais attendons la fin : Jésus a promis de ne plus jamais mourir.

Bien entendu, je ne prétends point dire non plus qu'il ne se rencontre çà et là des infidèles parmi les élèves des congrégations, parmi ceux des Jésuites, par exemple : je viens de prononcer le nom de Judas. Tout s'achète en ce triste monde au prix de l'ingratitude ; les trente deniers qui soldent la trahison ne varient que de forme et de valeur. C'est quelquefois une simple préfecture, quelquefois un proconsulat financier, ce peut être une scandaleuse fortune diplomatique, ou même un fauteuil à l'Institut, ou même un portefeuille ministériel. Puisse Judas en notre dix-neuvième siècle faire pénitence à la fin, au lieu de se pendre !

Ce que j'établis ici avec compétence et certitude, c'est que ces honteuses exceptions sont rares, très rares. Elles existent malheureusement, puisque nous les voyons, mêlées à la mascarade, descendre effrontément la courtille gouvernementale et signer au bas de la cote les décrets de proscription, mais si elles sont, ces trahisons isolées, juste assez nombreuses pour navrer l'âme loyale des bienfaiteurs, elles ne peuvent du moins vicier en rien un calcul comme le nôtre, procédant par chiffres énormes : autour des Jésuites, frappés les premiers et en apparence plus brutalement, c'est tout un peuple de reconnaissants dévouements qui se groupe; un peuple ferme, un peuple inébranlable.

Il en est de même autour des Dominicains, de même autour des Maristes, de même autour de tous les grands ordres, enseignants ou non, puisqu'ils sont tous expulsés. Et ces foules, ces peuples, — ces Frances, pour parler le langage de M. Ferry, — en attendant que l'heure sonnée des élections générales leur permette de faire entendre leurs voix politiques, en appellent tout uniment à Dieu.

Ce n'est pas une conjuration ourdie entre les Frances qui croient, qui aiment, qui espèrent, c'est une rencontre naturelle, une contagion de gratitude et de justice; le faisceau de ces innombrables cœurs est lié d'autant plus étroitement, que nul n'a serré le nœud. La gerbe gigantesque s'est formée d'elle-même et toute seule. Ceux qui tiennent par leurs enfants aux ordres religieux d'hommes, ceux qui tiennent aux prêtres par leurs consciences, donnent la main à ceux, plus nombreux encore peut-être, qui tiennent aux couvents de religieuses par leurs jeunes filles, achetées à si grands frais de soins pieux et d'amour, et donnent la main aussi à l'immense multitude des familles pauvres que les Sœurs de Charité, avec les Frères de la Doctrine chrétienne, font vivre, instruisent, consolent, malgré la dureté du temps républicain. Tout cela prie, tout cela est glaive, et tous ces glaives flamboient comme l'épée de l'archange. Il y a là explosion de ces passionnées prières qui forcent Dieu : Nous vaincrons.

VI

Comment vaincrons-nous ? Et quand ? Nous ne savons. Le mode de notre victoire et son heure ne seront point fixés ici-bas, puisque les douze millions de voix (il y en a bien davantage !) qui s'élancent vers Dieu lui disent cent fois le jour, cent fois la nuit : « Que votre volonté soit faite sur la terre comme au ciel. » Mais nous vaincrons, j'en suis certain, je le jure. Nous vaincrons de notre vivant, nous vaincrons après notre mort. Il nous a été dit : « Demandez et vous recevrez ; » nous ne demandons rien aux hommes. Nous frappons à la porte de Jésus, qui a promis d'ouvrir à ceux qui frappent et qui jamais, depuis deux mille ans, n'a manqué à une seule de ses promesses.

Vous, citoyens depuis un siècle, avez-vous tenu une seule des vôtres? C'est par vous que nous vaincrons, c'est vous qui aurez poussé, à force d'effrois, de hontes et de malheur, toutes ces Frances diverses jusqu'au pied de l'autel où elles vont faire corps, comme membres épars qui se retrouvent et redevenir la grande France, la vraie France catholique. Vous aurez rassemblé ces innombrables souffles en un seul, les persécutions opèrent des merveilles de ce genre, et, grâce à vous, la France de Clovis, la France de Charlemagne, la fille aînée de notre mère l'Église, si longtemps muette, a entonné déjà le cantique de sa résurrection !

Je n'ai ni le temps ni l'espace qu'il faudrait pour les énumérer ici, une par une, toutes ces Frances que vous avez agenouillées. Vous en connaissez bien quelques-unes par vos commissaires de police, mais il en est d'autres qui vous touchent de plus près, à votre insu, vous fournissez vous-mêmes quelques notes sonores au vaste unisson de nos douze millions de voix.

Est-ce bien à votre insu, citoyens? Pouvez-vous ignorer vraiment qu'*on prie* dans vos propres maisons? Ce ne sont pas, je vous le dis, les prières les moins précieuses. On m'a dénoncé, à moi qui n'ai pas de police, des femmes, des filles d'hommes d'État qui font plus que prier, puisqu'ELLES PLEURENT...

Frères égarés par l'avidité de l'orgueil, frères malheureux dans le mensonge de votre puissance caduque, dont les minutes sont désormais comptées, puisse la charité qui déborde du cœur de Dieu éteindre la haine dans vos cœurs! Nous vous aimons, et c'est notre loi qui le veut, pourquoi nous détestez-vous? Il nous est commandé de ne point envier vos honneurs dérisoires non plus vos pauvres richesses; nous ne convoitons rien de ce à quoi vous êtes attachés violemment jusqu'au point d'avoir troqué contre des hochets périssables l'éternel avenir de vos âmes; nous méprisons les biens escamotés dont vous êtes si fiers, presque autant que les moyens employés par vous pour les conquérir.

Ah! citoyens, la main sur la conscience, j'affirme que notre victoire certaine ne demandera pour trophée, ni votre argent, ni ce pouvoir du haut duquel vous allez tomber de vous-mêmes, comme le fruit malade ou mûr se détache de l'arbre. Dussiez-vous rire à vous tenir les côtes, je vais vous confesser notre ambition qui est double : en premier lieu, nous souhaitons délivrer la patrie de votre influence néfaste; en second lieu, nous souhaitons qu'à l'heure chancelante qui précédera votre chute, un éclair de vérité illumine vos esprits dessillés.

Riez plus fort, car j'ajoute : c'est par ce désintéressement même que nous vaincrons, et par cette miséricorde. Que Dieu me donne à moi, le plus humble entre ceux qui combattent par la prière, que Dieu me donne pour ma part de butin cette dépouille opime, une de vos âmes à sauver : non pas même celle d'un des amis toujours chers que j'ai gardés dans vos rangs, mais l'âme d'un inconnu, l'âme d'un misérable, l'âme de mon ennemi mortel, si j'ai un ennemi, et tout tremblant devant la pensée d'une si grande joie, je promets à Dieu de lui en rendre grâces, chaque heure de ma vie, dût le salut de cette âme me coûter par surcroît ce que j'ai de plus précieux en ce monde! Nous vaincrons, parce que nous aimons.

FIN

Paris. — J. DE SOYE et FILS, imprimeurs, place du Panthéon. 5